schubi
westermann

Dem Rechtschreiben auf der Spur

Bernd Jockweg | Claudia Vaubel-Graf

Satzzeichen

Druckschrift

Heft 3

Inhaltsverzeichnis

Lücken zwischen Wörtern

Sätze sind leichter zu lesen,
wenn zwischen den Wörtern
Fingerlücken sind.

das  Wort

1 Setze bei diesem Satz Striche zwischen die einzelnen Wörter.

Hugo|hateinStückKäsegefunden.

2 Schreibe den Satz jetzt mit Fingerlücken neu ab.
Achte auf große Buchstaben und den Punkt am Ende.

Hugo hat

3 Mache dasselbe bei den folgenden Sätzen.

LeonmaltsehrgernebunteBilder.

MaditaschießtschonwiedereinTor.

Nomen großschreiben

Sätze sind leichter zu lesen,
wenn die Nomen
großgeschrieben sind.

Hugo isst gern Käse.

1 Setze bei diesem Satz Striche zwischen die einzelnen Wörter.
Dann markiere die ersten Buchstaben der Nomen farbig. Es sind vier.

Auf|derwiesedesbauernstehenpferdeundkühe.

2 Schreibe den Satz jetzt mit Fingerlücken ab.
Schreibe die Nomen groß und denke an den Punkt
am Ende des Satzes.

Auf der Wiese

3 Mache dasselbe bei den folgenden Sätzen.

Leawünschtsicheinbuchundeinenhund.

Diekindersehensicheinenfilmimkinoan.

Sätzanfänge großschreiben

Den ersten Buchstaben eines Satzes schreibst du immer groß.

Das Wort ist kurz.

1 Setze bei diesem Satz Striche zwischen die einzelnen Wörter.
Dann markiere die ersten Buchstaben der Nomen farbig.
Markiere auch den allerersten Buchstaben im Satz farbig:

kleinekinderdürfennochkeinautolenken.

2 Schreibe den Satz jetzt mit Fingerlücken ab.
Schreibe die Nomen groß und denke an den Punkt am Ende des Satzes.

Kleine

3 Mache dasselbe bei den folgenden Sätzen.

imwinterbrauchenwireinenschalundwarmesocken.

meinopamachtdiebestesuppederwelt.

1

Wichtige Wörter

Setze die Reihe fort:

ihr

ihm

ihn

ihr

ihm

ihn

1 Bilde mit den Wörtern jeweils einen Satz.
Denke daran:
Den ersten Buchstaben im Satz schreibst du groß.
Setze am Ende eines Satzes einen Punkt.

Fußball | und | Tina | Klara | spielen

zu | Mama | Papa | sehen | und

es | am | steht | Ende | unentschieden

jubeln | alle

Sätze bilden

1 Bilde mit den Wörtern jeweils einen Satz.
Denke daran:
Den ersten Buchstaben im Satz schreibst du groß.
Setze am Ende eines Satzes einen Punkt.

Jan | und | heute | kochen | Tom

sie | Nudeln | machen | mit | Tomatensoße

schon | für | das | kocht | die | Wasser | Nudeln

Köche | tolle | sind | sie

Wichtige Wörter

Setze die Reihe fort:

am
an
auf
am
an
auf

Sätze bilden – Treppengedicht

Treppengedichte wachsen mit jeder Reihe um ein Wort oder um mehrere Wörter.

Auf einer Wiese.
Auf einer grünen Wiese.
Auf einer grünen Wiese hockt.
Auf einer grünen Wiese hockt ein Riese.
Auf einer grünen Wiese hockt ein dicker Riese.

1 Schreibe ein Treppengedicht.

Tipp: Schreibe am besten zuerst den längsten Satz und dann weiter von unten nach oben. !

Max will.

____

____

____

Max will heute noch einen Kuchen backen.

2 Schreibe auch aus diesen Bausteinen ein Treppengedicht.

Lara | zum | heute | Mal | spielt | Schach | ersten | Papa | mit

Lara spielt.

____

____

____

____

Sätze bilden – Zu Bildern schreiben

1 Schreibe zu dem Bild jeweils einen Satz mit den Wörtern.
Denke daran:
– Den ersten Buchstaben im Satz schreibst du groß.
– Setze am Ende eines Satzes einen Punkt.

Tafel | schreiben

Tom schreibt an die Tafel.

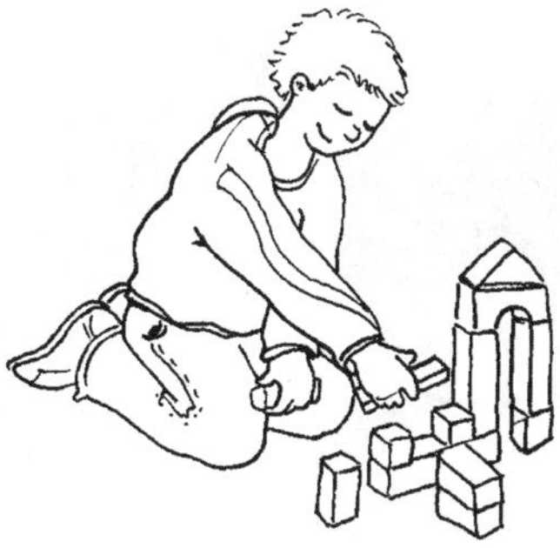

bauen | Bauklötze

Bild | malen

Schule | sich | melden

riechen | Blume

Ein Satz – ein Gedanke

Sätze enthalten jeweils einen Gedanken.
Am Ende eines Satzes machen wir eine Pause.

1 Überlege, wo du bei diesem Text Pausen machst.
Setze überall dort einen Punkt.
Markiere den ersten Buchstaben in jedem Satz.

auf der Straße läuft ein Hund der Hund
jault er hat sein Herrchen verloren da
kommt ein Junge um die
Ecke der Hund rennt laut
bellend zu ihm beide freuen sich

2 Schreibe den Text jetzt mit Fingerlücken ab.
Schreibe die Satzanfänge und die Nomen groß.
Denke an den Punkt am Ende eines jeden Satzes.

Ein Satz – ein Gedanke

1 Überlege, wo du bei diesem Text Pausen machst.
Setze überall dort einen Punkt.
Markiere den ersten Buchstaben in jedem Satz.

heute wollen Tina und Simon
zusammen spielen draußen regnet
es das ist ihnen egal sie nehmen
ihre Regensachen und einen Schirm
mit dann springen sie mit ihren
Stiefeln in die Pfützen

2 Schreibe den Text jetzt mit Fingerlücken ab.
Schreibe die Satzanfänge und die Nomen groß.
Denke an den Punkt am Ende eines jeden Satzes.

Sätze bilden – Fragesätze

Sätze mit einem Punkt am Ende
nennt man Aussagesätze. .

Heute ist es sehr kalt.

Frierst du?

Sätze mit einer Frage nennt man Fragesätze.
Am Ende setzt man ein Fragezeichen. ?

1 Übe, das Fragezeichen zu schreiben.

? ?

?

?

?

Wo?

Wer?

Wie?

Was?

Wann?

Sätze bilden – Fragezeichen oder Punkt?

1 Überlege bei jedem Satz:
Ist es ein Fragesatz oder ein einfacher Aussagesatz?
Setze jeweils einen Punkt oder ein Fragezeichen.

Wo ist Timo

Er steht vor dem Laden

Warum wartet er

Will er etwas kaufen

Wartet er auf jemanden

Timo überlegt noch

Soll er sich ein Eis kaufen

Oder möchte er einen Lolli

Da kommt sein Freund Tobi

Für ein Eis ist es heute zu kalt

Sie kaufen sich Kaugummis

Möchtest du auch einen

Wohin gehen sie jetzt

Sie laufen zum Spielplatz

Was werden sie wohl spielen

Möchtest du mitspielen

Was spielst du am liebsten

3

Fragesätze – Fragewörter

Fragen enthalten oft besondere Fragewörter.
Sie beginnen fast immer mit einem W.

1 Markiere alle Fragewörter gelb.

Wo bist du?

Wer ist diese Frau?

Wohin gehst du?

Warum bist du traurig?

Wem gehört dieses Heft?

Wie geht die Aufgabe?

Wen kennst du schon?

Wann fängt der Film an?

2 Schreibe alle Fragewörter auf.
Findest du noch mehr? Schreibe sie dazu.

Wo?

5

Fragesätze – W-Fragen-Uhr

Wenn du Informationen zu einem Thema sammelst, kann dir die W-Fragen-Uhr helfen.
Schreibe in die Mitte das Thema.
Schreibe die sechs W-Fragen in die äußeren Felder:

Wer? Was?
Wann? Wo?
Wie? Warum?

Hier siehst du eine W-Fragen-Uhr zum Thema „Eisbär“.

5

1 Denke dir selbst ein Thema aus.
Suche zu jedem Fragewort passende Fragen zu deinem Thema.
Markiere die Fragen farbig, die dir besonders wichtig sind.

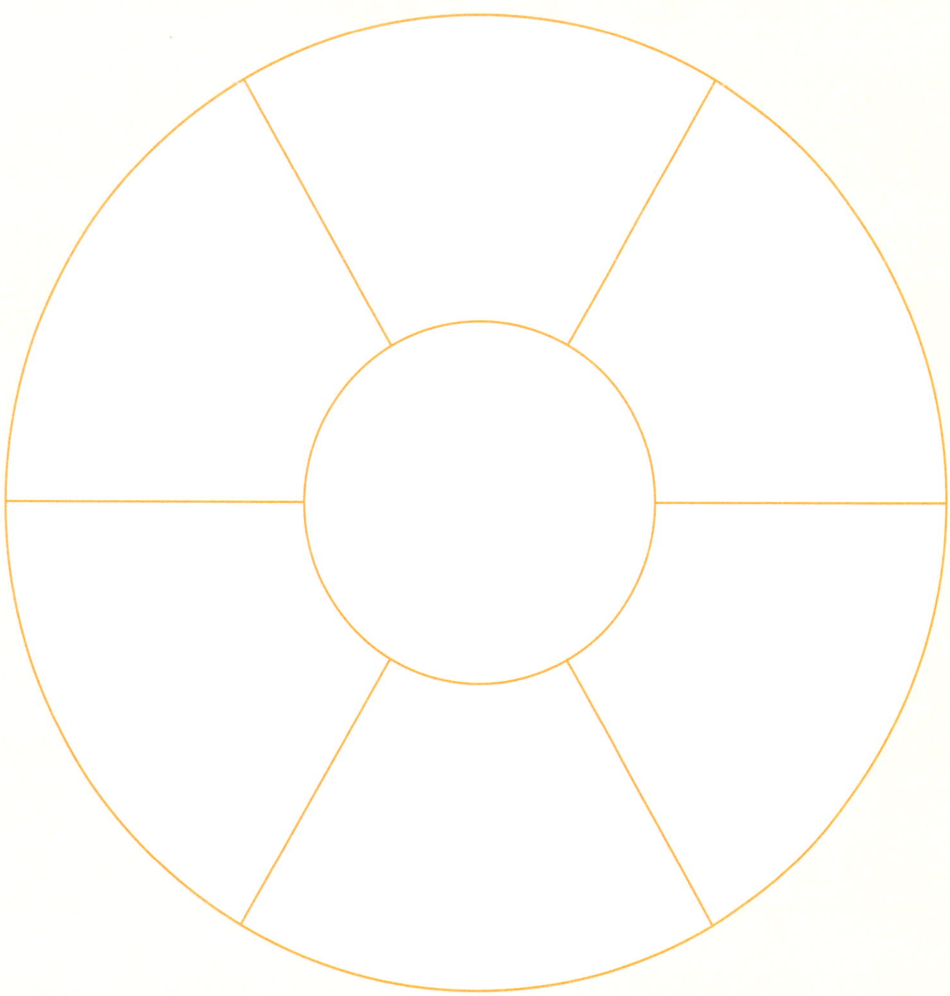

Fragesätze – Expertenauftrag

1 Die Fragen und Antworten sind durcheinander geraten.
Sortiere sie und schreibe zu den Fragen die passenden Antworten.
Hinter Fragen setze ein Fragezeichen, hinter die Antworten einen Punkt.

Emil ist im Zoo. Er liebt Pinguine. Beim Pinguin-Gehege trifft er eine Tierpflegerin.

Was machen Sie gerade

Füttern Sie auch andere Tiere

Ich füttere die Pinguine

Ja, ich bin eine Tierpflegerin

Was bekommen die zu fressen

Arbeiten Sie hier

Klar, gleich sind die Seehunde dran

Die fressen Fische

Arbeiten Sie

3

Fragesätze – Fragen und Antworten

1 Hier sind fünf Fragen und fünf Antworten rund um das Thema Ritter. Schreibe hinter die Sätze jeweils passend ein Fragezeichen oder einen Punkt.

1. Wie schwer war eine Rüstung
2. Ein Knappe war der Gehilfe des Ritters
3. Woher kommt das Wort „Ritter"
4. Was ist ein Turnier
5. Was ist ein Knappe
6. „Ritter" leitet sich von „Reiter" ab
7. Eine Rüstung wog ungefähr 25 kg
8. Der sportlichen Wettkampf zwischen Rittern wird Turnier genannt
9. Mit dem Schild wehrte er Waffen ab
10. Wozu braucht der Ritter einen Schild

2 Welche Frage gehört zu welcher Antwort? Trage ein.

Frage		Antwort
1	→	
	→	
	→	
	→	
	→	

3

Fragesätze – Interview

Heute bekommt die Klasse Besuch von einem Musiker.
Die Kinder überlegen sich Fragen. Sie wollen wissen …

- wie lange er schon Geige spielt
- ob er auch noch andere Instrumente spielt
- ob er schon immer Musiker werden wollte
- wie teuer eine Geige ist
- wie viel er täglich üben muss
- ob ihm der Beruf Spaß macht
- welches sein Lieblingsstück ist

Achtung! Wenn du einen Erwachsenen nicht kennst, ist es höflich, ihn zu „siezen“. „Sie“, „Ihr“, „Ihnen“ … schreibt man dann groß. !

1 Schreibe die Fragen der Kinder richtig auf.
Fallen dir noch mehr Fragen ein? Schreibe sie auch auf.

Wie lange spielen Sie schon Geige?

Wenn du noch mehr Fragen hast, schreibe sie in dein Heft.

3

Sätze bilden – Ausrufesätze

Sätze mit Ausruf nennt man Ausrufesätze.
Am Ende macht man ein Ausrufezeichen.

!

Hurra, die Sonne scheint!

1 Übe, das Ausrufezeichen zu schreiben.

!

!

!

!

!

Au!

Los!

Halt!

Prima!

Stopp!

Hurra!

Klasse!

Nein!

Ausrufesätze – Mehr davon!

1 Zu welchem Bild passt welcher Ausrufesatz?
Schreibe die Sätze zu den richtigen Bildern.

Kikeriki!

Da hat einer angebissen!

Achtung, ein Dieb!

Jetzt geht es bergab!

Hilfe, er beißt mich!

Au, ich habe mich geschnitten!

Schau, was ich kann!

Mir ist furchtbar kalt!

 Jetzt ______________________________

 ______________________________

 ______________________________

 ______________________________

 ______________________________

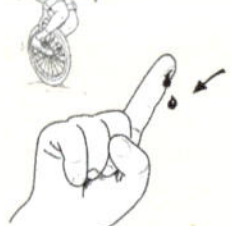 ______________________________

 ______________________________

 ______________________________

Ausrufesätze – Verbote!

Auch Verbote werden meistens
mit einem Ausrufezeichen gekennzeichnet. !

1 Schreibe zu einigen Schildern Verbote –
oder denke dir selbst welche aus.

1. Angeln verboten!

Ausrufesätze – Befehle!

Auch Befehle enden in der Regel
mit einem Ausrufezeichen.

!

Bleiben Sie stehen!

Räum dein Zimmer auf!

Gib mir den Ball!

Lass die Finger davon!

Sei leise!

Heb das wieder auf!

Mach jetzt deine Hausaufgaben!

Zieh dir Hausschuhe an!

1 Schreibe die Befehle auf.

Bleiben

Satzzeichen setzen – Satzarten unterscheiden

1 Überlege bei den Sätzen, ob am Schluss ein Punkt, ein Fragezeichen oder ein Ausrufezeichen stehen muss.
Setze das richtige Zeichen.

Papa geht heute mit Flocki zur Hundeschule

Tom fragt: „Darf ich heute mit "

Papa ist einverstanden

„Komm, Flocki ", ruft Tom

Ob Flocki schon Kommandos kann

Aber klar doch

Tom befiehlt: „Flocki, mach Sitz "

Zuerst guckt der Hund

Dann setzt er sich brav hin

Gut gemacht

Flocki guckt: „Gibst du mir kein Leckerchen "

Da gibt Tom ihm seine Belohnung

2 4 3 5

2 Schreibe die Sätze auf die Linien unten auf der nächsten Seite ab.
Achte auf Groß- und Kleinschreibung. Denke an die richtigen Satzzeichen.

Hast du schon gehört? Sie hat mich angelogen! Wie findest du das? Ich habe mich sehr geärgert. Eine Frechheit! Beim nächsten Mal werde ich ihr nichts glauben.

2

Satzzeichen setzen – Satzarten unterscheiden

1 Überlege bei jedem Satz, ob es eine einfache Aussage, eine Frage oder ein Ausruf ist.
Setze jeweils an den Schluss das passende Satzzeichen.

Heute regnet es schon den ganzen Tag

Warum bist du traurig

Oh, nein, jetzt ist das Glas kaputt gegangen

Meine Kusine kommt uns am Sonntag besuchen

Hör sofort auf damit

Möchtest du mit mir ins Kino gehen

Hast du auch Hunger

Mein Onkel hat heute Geburtstag

So ein Pech

2 3 4

2 Hier ist Platz für den Abschreibtext von Seite 23.
Kontrolliere am Ende noch einmal ganz genau.

2

Satzzeichen setzen – Aufforderungen

1 Bilde mit den folgenden Verben Aufforderungen und schreibe sie auf.
Du kannst dir auch eigene Verben überlegen.

Bei Aufforderungen steht das Verb oft vorne.

!

lies (lesen)

schreib (schreiben)

sitz (sitzen)

wirf (werfen)

sing (singen)

bleib (bleiben)

lauf (laufen)

iss (essen)

zieh (ziehen)

hör (hören)

geh (gehen)

hol (holen)

glaub (glauben)

Lies mir etwas vor!

5

Satzzeichen setzen – Gedichte

1 In diesem Gedicht spricht der Wind.
Unterstreiche
– Ausrufesätze rot,
– Fragesätze gelb und
– Aussagesätze grün.

Ich bin der Wind

Ich bin der Wind.
Über die Felder
jage ich die Blätter.
Huiii und wirble sie hoch.
Ich bin der Wind.
Soll ich dir
Angst machen?
Das könnte ich auch.
Ich bin der Wind.
Den Wetterhahn auf
dem Kirchturm
mache ich zum
Propeller. Wetten?
Ich bin der Wind.
Aufgewacht ihr
müden Lüfte,
ihr Stubenhocker!
Ich bin der Wind.
Meer! Soll ich dir
Wellen machen?
Ich weiß, dass du
das magst!
Ich bin der Wind.
Ich bin frei!
Versucht doch
mich einzufangen!

Erwin Moser

Achtung!
Die Überschrift hat meistens kein Satzzeichen.

!

2 Ein Kind hat selbst ein Gedicht über ein Pferd geschrieben. Die Satzzeichen fehlen noch. Unterstreiche zuerst die Satzarten wieder rot, gelb und grün.

Hinweis: Es gibt unterschiedliche Lösungen. Vor allem wie sehr du einen Satz betonst, entscheidet, ob es ein normaler Aussagesatz oder ein Ausrufesatz ist.

Ich bin das Pferd

Ich bin das Pferd
Ich kann reiten
Ich bin das Pferd
Willst du mitkommen
Ich bin das Pferd
Aber Achtung
Ich bin wild
Ich kann dich abwerfen
Hast du Angst vor mir
Das brauchst du nicht
Ich kann auch lieb sein
Ich bin das Pferd
Fang mich doch
Ich bin schneller als
alle anderen
Ich bin das Pferd

2 3 4

Satzzeichen setzen – Gedichte

Der erste Buchstabe in einem Satz wird großgeschrieben. !

1 Schreibe das Gedicht vom Pferd hier noch einmal ab.
Setze die Satzzeichen dazu.

Ich bin das Pferd

Satzzeichen setzen – Fragen stellen

1 Tina hat bald Geburtstag. Sie macht sich viele Gedanken. Lies den Text durch.

was soll ich mir nur wünschen ich möchte so
gerne ein Pony vielleicht wünsche ich mir
besser etwas billigeres ob ein Fahrrad auch
zu teuer ist ich darf eine kleine Party machen
wen soll ich nur einladen Mama erlaubt mir
fünf Gäste das ist viel zu wenig ob Lisa aus
Berlin kommen kann das wäre super

2 Überlege, wo die einzelnen Sätze enden.
Welche Satzzeichen gehören jeweils an das Ende? Setze sie ein.
Schreibe den Text mit den Satzzeichen ab. Achte darauf,
immer den ersten Buchstaben des Satzes großzuschreiben.
Wenn du mehr Platz benötigst, schreibe in deinem Schreibheft weiter.

LZK

4

Das Komma wird verschieden eingesetzt.
Zum Beispiel bei Zahlen:
1,57 m oder 2,40 €

,

1 Übe, das Komma zu schreiben!

,

,

,

,

2,24 m

3,99 €

24,5 kg

1,5 t

2,5 l

3,4 km

10,2 cm

Komma – Aufzählungen

Wenn man Dinge aufzählt, wirken die vielen **und** langweilig.
Ersetzt man diese **und** durch Kommas,
klingen die Sätze lebendiger.

Ich lade zum Geburtstag Tim und Lilo und Lars und Ben und Emma und Mia und Jan und Lara ein.

Ich lade zum Geburtstag Tim, Lilo, Lars, Ben, Emma, Mia, Jan und Lara ein.

! Achtung! Das letzte **und** lässt man normalerweise stehen.

1 Unterstreiche in den folgenden Sätzen alle **und**.
Schreibe die Sätze ab und ersetze dabei alle **und** (außer das letzte in jedem Satz) durch Kommas.

Ich wünsche mir zum Geburtstag ein Buch und eine Puppe und Stifte und einen Roller und Schuhe und einen Gutschein fürs Kino.

Zum Backen brauchen wir Mehl und Butter und Milch und Zucker und Hefe und zwei Eier und Nüsse und Mandeln.

Komma – Aufzählungen von Eigenschaften

Auch wenn man Eigenschaften aufzählt, kann man die **und** durch Kommas ersetzen, damit es schöner klingt.

Das Wetter im April ist manchmal sonnig und wolkig und kalt und warm und windig und trocken und regnerisch.

Das Wetter im April ist manchmal sonnig, wolkig, kalt, warm, windig, trocken und regnerisch.

1 Unterstreiche in den folgenden Sätzen alle **und**. Schreibe die Sätze ab und ersetze dabei alle **und** (außer das letzte in jedem Satz) durch Kommas.

In meinem Etui sind gelbe und rote und blaue und grüne und braune und schwarze und lila und orangene Stifte.

Mein liebstes Buch ist manchmal schön und spannend und lustig und traurig und gruselig und seltsam und witzig und am Ende geht alles gut aus.

Komma – Aufzählungen mit oder

Auch Aufzählungen mit **oder** kann man schöner schreiben, wenn man die **oder** (bis auf das letzte) durch Kommas ersetzt.

1 Unterstreiche in den folgenden Sätzen alle **oder**. Schreibe die Sätze ab und ersetze dabei alle **oder** (außer das letzte in jedem Satz) durch Kommas.

Wer oder wie oder was oder warum oder wo oder wieso oder wohin oder wem oder wen können als Fragewörter eingesetzt werden.

Ich weiß nicht mehr, was die Hausaufgaben waren, entweder Mathe oder Deutsch oder Englisch oder noch etwas anderes.

Wenn ich groß bin, möchte ich Tierärztin oder Lehrerin oder Astronautin oder Artistin oder Sängerin werden.

Komma – Noch mehr Aufzählungen

1 Unterstreiche in den folgenden Sätzen alle **und** oder **oder**.
Schreibe die Sätze ab und ersetze dabei alle **und** oder **oder** (außer das letzte in jedem Satz) durch Kommas.

Die Bremer Stadtmusikanten bestehen aus einem Esel und einem Hund und einer Katze und einem Hahn.

Gehe ich auf dem Jahrmarkt zuerst zur Schaukel oder zum Karussell oder zur Losbude oder zum Riesenrad oder zur Geisterbahn oder zur Würstchenbude?

Einen Brief sollte man zuerst schreiben und dann falten und in einen Umschlag stecken und adressieren und frankieren und zum Schluss in einen Briefkasten werfen.

Satzzeichen setzen – Doppelpunkt

Der Doppelpunkt wird verschieden eingesetzt.
Zum Beispiel bei Zahlen:
12:30 Uhr oder 20 : 5 = 4

1 Übe, den Doppelpunkt zu schreiben.

: :

:

:

:

Wir kommen um 15:30 Uhr.

Wir

Sie haben 5 : 2 gewonnen.

Das Kino beginnt um 19:30 Uhr.

Doppelpunkt – Achtung: Jetzt kommt's!

Der Doppelpunkt wird auch oft bei Aufzählungen oder Erklärungen benutzt. Er bedeutet dann so viel wie: Achtung, jetzt kommt's!

Das sind die vier Himmelsrichtungen: Norden, Osten, Süden und Westen.

Am Ende merkte er: Sie wusste genau, wo es langging.

1 Unterstreiche in den folgenden Sätzen die Aufzählung oder Erklärung rot. Setze den Doppelpunkt jeweils direkt davor.

Für die Bastelgruppe suchen wir Papier, Wolle, Stoffreste.

Kurz nach dem Aufwachen fiel ihm auf Heute ist schulfrei.

Auf unserem Bauernhof leben viele Tiere Kühe, Schweine, Hühner, Pferde.

Sport haben wir an drei Tagen Montag, Mittwoch, Freitag.

Doppelpunkt und Redezeichen

Ganz wichtig ist der Doppelpunkt auch bei der wörtlichen Rede.
Da zeigt er: Achtung, jetzt wird gesprochen!

Frida sagt: „Ich besuche am Wochenende meine Oma."

Die Redezeichen zeigen uns, was gesagt wird.
Redezeichen unten „ heißt: Jetzt fängt jemand an zu reden.
Redezeichen oben " heißt: Jetzt hört derjenige auf zu reden.
Die Redezeichen nennt man auch Anführungszeichen.

1 Übe, die Redezeichen zu schreiben.

" „ " „

" „

" „

„Hallo!"

„Warum?"

„Wie geht es dir?"

„Bis bald!"

Doppelpunkt und Redezeichen: „Jetzt rede ich!“

Den Satzteil am Anfang vor der Rede nennt man Begleitsatz.
Er zeigt uns, wer jeweils spricht.

Lilo fragt ihre Mutter: „Darf ich noch zu Metin spielen gehen?“ Die Mutter schüttelt den Kopf: „Lieber nicht.“

Am Ende des Begleitsatzes vor der wörtlichen Rede steht jeweils ein Doppelpunkt.

1 Unterstreiche mit zwei Farben, was Lilo und ihre Mutter jeweils sagen.

– Setze an den Anfang und an das Ende der Rede unten und oben die jeweiligen Redezeichen.

– Setze an das Ende des Begleitsatzes vor die wörtliche Rede jeweils einen Doppelpunkt.

Lilo fragt ihre Mutter Darf ich noch zu
Metin spielen gehen? Die Mutter schüttelt
den Kopf Lieber nicht. Wir wollen in einer
Stunde essen. Lilo bettelt Aber es dau-
ert gar nicht so lange. Ich will nur sein neues
Kaninchen sehen. Lilos Mutter antwortet
zögernd Na gut. Aber sei pünktlich wieder
zu Hause! Lilo jubelt Klar, ich beeile
mich. Das verspreche ich. Die Mutter lächelt
Ich bin gespannt.

Doppelpunkt und Redezeichen – Wer sagt was?

1 Unterstreiche mit zwei verschiedenen Farben, was Max und Florian sagen.
Setze die Redezeichen unten an den Anfang und oben an das Ende der Rede.
Setze den Doppelpunkt an das Ende des Begleitsatzes vor die wörtliche Rede.

Max fragt seinen Freund   Sollen wir heute zum Spielplatz, Flo? Florian ist nicht begeistert   Heute habe ich keine Lust. Die Geräte sind langweilig.   Florian schlägt vor   Sollen wir nicht auf dem Bolzplatz Fußball spielen?   Max antwortet   Ja, das ist eine prima Idee. Soll ich dich abholen, Flo?   Florian ruft   Klar, den Ball bringe ich mit. Bis später, Max!   Sein Freund winkt   Bis gleich!

6

In manchen Büchern werden dir auch verschiedene andere Redezeichen begegnen.

Da es in England auch am Anfang der Rede nur das obere Redezeichen gibt, wirst du das auch häufig in E-Mails oder im Internet sehen.

Liebe Bibi!
Gestern rief mich meine Tante an und sagte: "Willst du mit mir zum Freizeitpark?" Da habe ich gleich ja gesagt. Ich darf auch jemanden mitnehmen. Hast du Lust?
Liebe Grüße, deine Lara

In manchen Büchern wird die wörtliche Rede auch in kleine, eckige Klammern «...» oder »...« gesetzt.

Flaxa lachte. Sie fühlte sich gar nicht mehr ängstlich. »Sehe ich etwa aus wie ein Menschenjunge?«
Rudi schüttelte mit offenem Mund den Kopf. »Dann bist du wirklich ein Monster? Ich dachte immer, die gibt es nur in Filmen oder im Märchen.«
Flaxa musste schon wieder lachen: »Und ich dachte immer, Menschen gibt es nicht!«

Der Bote sah plötzlich in einem Wald, in dem sich Fuchs und Hase Gutenacht sagen, ein Männlein, das um ein Feuer tanzte: «Heute back ich, morgen brau ich, übermorgen hole ich der Königin ihr Kind.» Es lachte und fuhr fort: «Ach wie gut, dass niemand weiß, dass ich Rumpelstilzchen heiß!»
nach den Brüdern Grimm

Doppelpunkt und Redezeichen – Wer sagt was?

1 Schreibe den Text von Seite 38 mit allen Satzzeichen richtig ab.
Wenn du mehr Platz brauchst, schreibe den Text in deinem Heft zu Ende.

Max

Doppelpunkt und Redezeichen – Weiter reden

1 Überlege bei jedem Satz: Was wird gesagt?
Unterstreiche diesen Teil, also die wörtliche Rede, farbig.
Setze an den Anfang der Rede das Redezeichen unten, an das Ende das Redezeichen oben.
Achtung! Einen Begleitsatz, der ankündigt, dass jetzt geredet wird, gibt es nicht immer.
Wenn ein Begleitsatz vor der Rede steht, gehört an das Ende des Begleitsatzes ein Doppelpunkt.

Oma fragt Was wünscht du dir zum Geburtstag?

Frida erklärt Am Freitag haben wir schulfrei.

Kann ich einen Apfel essen?

Heute wollen wir alle zusammen einkaufen fahren.

Tobi erzählt am Telefon Wir bekommen einen Hund!

2 Unterstreiche mit zwei Farben, was Lucy und ihr Lehrer sagen.
Setze die Redezeichen unten an den Anfang und oben an das Ende der Rede.
Gibt es einen Begleitsatz, der ankündigt, dass jetzt geredet wird?
Dann setze an das Ende des Begleitsatzes den Doppelpunkt.

Der Lehrer fragt Lucy Was ist dein Vater? Lucy antwortet Er ist krank. Der Lehrer schüttelt den Kopf Nein, ich möchte wissen, was er macht. Er hustet. Der Lehrer erwidert ärgerlich Aber nein! Du verstehst mich nicht. Dann fragt er Was treibt er denn, wenn er gesund ist? Lucy antwortet ganz ruhig Da hustet er nicht.

6

Doppelpunkt und Redezeichen – Weiter reden

1 Schreibe den Text von Seite 40 mit allen Satzzeichen richtig ab. Wenn du mehr Platz brauchst, schreibe den Text in deinem Heft zu Ende.

Der Lehrer

Begleitsätze – Wortfeld sagen

1 Lies den Text.

Lilo sagt zu ihrem Vater: „Ich gehe noch zu Tom." Vater fragt: „Hast du denn deine Hausaufgaben schon gemacht?" Lilo erwidert: „Noch nicht. Ist aber auch ganz wenig." Der Vater erklärt: „Dann kannst du sie doch jetzt eben schnell machen." Lilo bettelt: „Bitte, bitte, darf ich die machen, wenn ich wieder zu Hause bin?" Da antwortet der Vater: „Na gut, aber komm nicht so spät zurück!" Lilo ruft schon aus der Haustür: „Alles klar, versprochen!"

2 Unterstreiche im Text von Aufgabe 1 alle Verben in den Begleitsätzen, die anzeigen, dass jetzt gleich jemand spricht.

3 Schreibe hier alle Verben aus dem Text in der Grundform auf. Sammle auch noch weitere Wörter, die zu diesem Wortfeld passen. Tausche dich mit anderen Kindern aus.

sagen,

Eine Geschichte mit wörtlicher Rede

1 Lies die Sätze in den Sprechblasen. Das Gespräch, das hier geführt wird, ist durcheinandergeraten.

Darf ich mir auch noch was Süßes mitbringen?

Schade. Bis gleich!

Ben, gehst du bitte kurz einkaufen?

Ach Mama, warum ich schon wieder?

Bis gleich! Und trödle nicht herum!

Weil du gerade Zeit hast.

Milch, Brot und 5 Scheiben Käse.

Nein, wir essen gleich.

Na gut, was brauchen wir denn alles?

2 Nummeriere die Sprechblasen. Überlege, wer spricht.

3 Überlege dir passende Begleitsätze für die wörtliche Rede. Schreibe dann das ganze Gespräch auf. Denke an die Redezeichen.

Wenn du mehr Platz brauchst, schreibe den Text in deinem Heft zu Ende. 6

Eine Streitgeschichte mit wörtlicher Rede

1 Sieh dir das Bild an und lies die Sätze in den Sprechblasen.

2 Schreibe eine Geschichte zum Bild und zu den Sätzen.
Benutze die Sätze in den Sprechblasen als wörtliche Rede.
Formuliere passende Begleitsätze, wo es passt.
Überlege dir auch einen Titel und ein passendes Ende für deine Geschichte.

Titel: ______________________________

____

____

____

____

Eine Streitgeschichte mit wörtlicher Rede

Wenn du mehr Platz brauchst, schreibe den Text in deinem Heft zu Ende. 6

Nachgestellter Begleitsatz 1

Das kennst du schon:

Begleitsatz: „Wörtliche Rede."

Die Lehrerin fragt: „Wer hat die Aufgabe schon fertig?"

Der Begleitsatz kann auch hinter der wörtlichen Rede stehen.
In diesem Fall kommt zwischen wörtlicher Rede und Begleitsatz ein Komma.

„Wörtliche Rede", Begleitsatz.

„Wer hat die Aufgabe schon fertig?", fragt die Lehrerin.

1 Unterstreiche bei den folgenden Sätzen die wörtliche Rede rot und den Begleitsatz blau.
Setze die Redezeichen und Doppelpunkt oder Komma.

Klaus ruft Kommt schnell zum Baum!

Warum? fragen Simone und Tim.

Ihr Freund antwortet Hier ist ein kleiner Igel.

Hat er seine Mama verloren? fragt Simone.

Tim meint Er sieht aber ganz munter aus.

Guckt mal, ein großer Igel! flüstert Klaus.

Ist das wohl die Mutter? fragt Tim.

Simone sagt erleichtert Dann müssen wir uns keine Sorgen machen.

6

Vor- oder nachgestellter Begleitsatz

1 Bei den folgenden Beispielen mit wörtlicher Rede ist der Begleitsatz mal vor- und mal nachgestellt.
Unterstreiche zuerst jeweils die wörtliche Rede rot und den Begleitsatz blau.
Setze dann die Redezeichen und
- beim vorgestellten Begleitsatz den Doppelpunkt,
- beim nachgestellten Begleitsatz das Komma.

Tim stöhnt   Puh, das ist aber schwer.

Was machst du denn gerade?   fragt Noah.

Tim antwortet   Das Arbeitsblatt mit den Textaufgaben.

Hast du schon Anne gefragt?   schlägt Noah vor.

Tim schüttelt den Kopf   Das ist eine gute Idee.

Kannst du mir mal helfen?   fragt er Anne.

Aber klar!   meint Anne.   Darf ich mitmachen?   fragt Noah.

Anne nickt   Zu Dritt geht das ganz schnell.

2 Schreibe den Text aus Aufgabe **1** ab. Kontrolliere anschließend ganz genau.

Wenn du mehr Platz brauchst, schreibe den Text in deinem Heft zu Ende. 6

Vor- oder nachgestellter Begleitsatz

1 Unterstreiche im folgenden Text die wörtliche Rede rot und die Begleitsätze blau.
Setze zur wörtlichen Rede die Redezeichen und
- beim vorgestellten Begleitsatz den Doppelpunkt,
- beim nachgestellten Begleitsatz das Komma.

Achtung!
Es gibt auch einfache Aussagesätze, die erklären, was gerade passiert. Sie gehören nicht direkt zur wörtlichen Rede und werden nicht unterstrichen. !

Metin geht in die Bäckerei.   Was darf's sein?   fragt die Verkäuferin. Metin antwortet   Ich hätte gerne zwei Brezeln und ein Graubrot.   Gerne. Darf es sonst noch etwas sein?   fragt die Verkäuferin.   Nein, das wär alles. Die Frau packt alles in zwei Tüten.   Bitte schön, das macht genau 5 Euro.   Metin bezahlt und verabschiedet sich   Auf Wiedersehen.   Auf Wiedersehen und bis zum nächsten Mal!   erwidert die Verkäuferin.

2 Schreibe anschließend den Text mit allen Satzzeichen in dein Heft.   6

Begleitsatz nach Aussagesatz

Bei den nachgestellten Begleitsätzen gibt es noch eine Besonderheit:

„Wie ist das Wetter heute?“, fragt Paul.

„Die Sonne scheint“, sagt seine Mutter.

„Hurra!“, ruft Paul.

Achtung! Wenn die wörtliche Rede ein einfacher Aussagesatz ist, also kein Fragezeichen oder Ausrufezeichen am Ende stehen muss, und danach ein Begleitsatz folgt, lässt man den Punkt weg.

1 Unterstreiche im folgenden Satz die wörtliche Rede rot und den Begleitsatz blau.

Mein Hund heißt Rufus. sagt Lisa.

2 Setze im Satz aus Aufgabe 1 zur wörtlichen Rede die Redezeichen und das Komma beim nachgestellten Begleitsatz.

3 Schreibe den Satz von oben ab. Lass den Punkt am Ende der Rede weg.

4 Schreibe die Sätze auf die Linien unten auf der nächsten Seite ab. Denke an die richtigen Satzzeichen.

„Gestern war ich im Kino“, erzählte Linus. „Was hast du denn gesehen?“, fragte Leon. „Es lief der neue Legofilm“, antwortet sein Freund. „Ist er gut? Den wollte ich auch noch sehen“, sagt Leon.

6

Nachgestellter Begleitsatz 2

1. Unterstreiche auf den nächsten beiden Seiten bei jedem Satz die wörtliche Rede rot und den Begleitsatz blau.
2. Setze zur wörtlichen Rede die Redezeichen und beim nachgestellten Begleitsatz das Komma.
3. Schreibe die Sätze ab. Lass einfache Punkte am Ende der Rede weg.

Ich bin acht Jahre alt. sagt Bruno.

Wann wirst du denn neun? fragt Mila.

4. Hier ist Platz für den Abschreibtext von Seite 49.
Kontrolliere am Ende noch einmal ganz genau – vor allem die Satzzeichen.

Nachgestellter Begleitsatz 2

Im Dezember. antwortet er.

Ich werde schon im November neun. sagt Mila.

Dann bist du einen Monat älter. meint Bruno

Was wünschst du dir? fragt Mila.

Ein Fahrrad. Und du? fragt Bruno.

Ich weiß noch nicht genau. überlegt Mila.

6

Anführungszeichen

In Anführungszeichen kann man auch Titel, Namen
oder ähnliches setzen.
Man kann damit etwas besonders hervorheben.

Sein Lieblingsbuch heißt „Momo“.

1 Unterstreiche in den folgenden Sätzen diese Teile und setze Anführungszeichen davor und dahinter.

Meine Geschichte heißt Das Geheimnis .

Der Name der Gruppe ist ABBA .

Hast du das Schild Vorsicht, Hund! nicht gesehen?

Das neue Lied Sternenzauber ist toll.

Unser Hund heißt Bello .

Der Name unserer Lehrerin ist Schmitz .

Wir gehen in den Film Tom reißt aus .

Kannst du auch bitte sagen?

Nenn mich nicht immer Winzling .

Aller Anfang ist schwer ist ein bekanntes Sprichwort.

LZK